Ueber die

# Cholera von 1892 in Hamburg

und über

# Schutzmassregeln.

Von

**Max von Pettenkofer,**
o. ö. Professor der Hygiene und Direktor des hygienischen Instituts in München.

Mit einer Tafel.

(Aus dem Archiv für Hygiene.)

München und Leipzig.
Druck und Verlag von R. Oldenbourg.
1893.

Nachdem Medicinalrath Dr. J. J. Reincke sich über die Cholera in Hamburg in einem lehrreichen Vortrage geäussert hat, möchte ich von meinem localistischen Standpunkte aus einige Bemerkungen dazu machen.

Reincke's Mittheilungen zeichnen sich immer durch Sachkenntnis, Objectivität und umsichtiges Urtheil aus. Er ist nun der Ansicht geworden, dass die Gegenwart des Koch'schen Bacillus und dessen Aufnahme in den menschlichen Darm genüge, um die schwersten Choleraerkrankungen hervorzurufen, und dass die rasche Verbreitung der 1892 in Hamburg eingeschleppten Bacillen wenigstens zu Anfang der Epidemie hauptsächlich durch die Hamburger Wasserkunst erfolgt sei, welche unfiltrirtes Elbwasser vertheilte.

Wie und durch wen der Kommabacillus nach Hamburg gelangte, lässt Reincke unentschieden, und hält nur daran fest, dass er nicht schon Anfangs August dagewesen sein könne, weil sich sonst auch bereits zu dieser Zeit wirkliche Cholerafälle gezeigt haben müssten und weil Choleraverschleppungen aus Hamburg nach anderen Orten hin erst nach Mitte August zur Beobachtung kamen. Die ersten Fälle kamen Mitte August vor und betrugen am 20. August bereits 49, von welchen 23 tödtlich endeten. »Von den Erkrankten können 20 ohne Umstand auf

1) Deutsche medicinische Wochenschrift 1893, Nr. 3 und 4.

den Hafen zurückgeführt werden.« Die allerersten Fälle hängen mit dem kleinen Grasbrook zusammen.

»Angesichts dieser Thatsachen kann es wohl keinem Zweifel unterliegen, dass die Epidemie vom Hafen ihren Ausgangspunkt genommen, und zwar speciell vom kleinen Grasbrook, wo auch im Jahre 1873 die ersten Fälle vorkamen.«

Reincke führt nun aus: »Vergegenwärtigt man sich, wie der Hafen der Mittelpunkt der Existenz unserer ganzen Stadt ist, wie unendlich viel Menschen dort alltäglich zur Arbeit zusammenströmen aus oft entlegenen Wohnungen, seit dem Zollanschlusse in noch weit erhöhterem Maasse als früher, dann kann man sich vorstellen, mit welcher Geschwindigkeit und Macht eine ansteckende Seuche gerade vom Hafen aus über die ganze Stadt ausgesät werden kann.«

Aber aus dem engen Verkehr mit dem Hafen allein, fährt Reincke fort, lasse sich der Verlauf der Dinge in der Epidemie von 1892 doch nicht erklären, und namentlich die explosionsartige Ausbreitung der Krankheit verlange ein Transportmittel, das rasch überall gleichmässig hinkomme, und das könne der ganzen Natur der Dinge nach nur das Wasser sein.

Reincke pflegt in seinen Schlussfolgerungen sehr vorsichtig zu sein, und könnte ich ihm auch diesmal beistimmen, wenn er es hätte dahingestellt sein lassen, ob das Wasser der Hamburger Wasserkunst als Brauchwasser oder als Trinkwasser Schaden angerichtet habe. Im ersteren Falle könnte ich ihm zustimmen, ohne mit ihm in's grosse Lager der Trinkwassertheoretiker überzugehen.[1])

Seit 1870 vertrete ich die Ansicht, dass unreines Wasser zu Typhus- und Cholera-Epidemien auf zwei Wegen beitragen kann: 1) durch Anhäufung von günstigem Nährmaterial für pathogene Mikroorganismen in den Localitäten, in welchen das Wasser gebraucht wird, 2) dadurch, dass eine Wasserleitung, in welche Typhus- oder Cholerakeime gelangt sind, die Rolle des menschlichen Verkehrs zur Verbreitung (wenn auch keiner weiten) dieser

---

1) Ich habe mich darüber in meinem Cholerabuche: »Zum gegenwärtigen Stand der Cholerafrage.« (München 1887. R. Oldenbourg.) S. 196, 227 und 572 unzweideutig ausgesprochen.

Keime von einer Typhus- oder Choleralocalität aus in verschiedene andere Localitäten übernimmt, wo es aber ebenso wie bei den durch den menschlichen Verkehr verbreiteten Keimen immer noch darauf ankommt, ob die Localität für eine weitere Entwicklung und Vermehrung der Keime geeignet ist oder nicht.

Zu jeder Infection gehört neben der individuellen Disposition der Menschen nicht bloss eine gewisse Qualität, sondern auch eine gewisse Quantität des Infectionsstoffes. Wenn man nun auch annimmt, dass vom kleinen Grasbrook oder einem anderen Punkte aus Kommabacillen von einem Kranken in das Elbwasser gelangt und bis zur Schöpfstelle der Wasserkunst hinauf gekommen seien, so müssen dieselben doch eine sehr grosse Verdünnung erlitten haben. Infectionsversuche an Thieren mit so hochgradigen Verdünnungen pathogener Mikroorganismen haben nie Erfolg, wie die Vergiftung des Schachtbrunnens im hygienischen Institute dahier mit Milzbrand und mit Hühnercholera zur Genüge gezeigt hat.[1]) Dass auch im Hamburger Leitungswasser kaum Spuren von Kommabacillen vorhanden gewesen sein können, geht daraus hervor, dass es den zahlreichen bacteriologischen Untersuchungen nie gelungen ist, die Bacillen im Wasser zu finden. Wenn es auch Schwierigkeiten macht, im Wasser neben anderen die Gelatine verflüssigenden Wasserbacterien den Kommabacillus nachzuweisen, so gelingt es hie und da doch, und müsste es leicht gelingen, wenn derselbe in grösserer Menge vorhanden ist.

Wenn sich das explosionsartige Auftreten einer Epidemie, hier der Cholerapidemie von Hamburg im Jahre 1892, auch sehr ungezwungen durch eine weitverzweigte Wasserleitung erklären liesse, so darf man doch nicht vergessen, dass solche explosionsartige Ausbrüche in grossen Städten auch vorkommen, ohne dass man zur Erklärung das Trinkwasser zu Hilfe nehmen kann. — Wenn die Erscheinung anderswo ohne Trinkwasser erklärt werden muss, so besteht auch kein logischer Zwang, sie in Hamburg mit Trinkwasser zu erklären.

---

1) Schönwerth. Archiv für Hygiene. Bd. XVI, S. 61. Siehe auch Karlinski. Bd. IX, S. 432 und Bd. X, S. 382.

Ein solches Beispiel ohne Trinkwasser ist die Epidemie von 1854 in München, welche sich vom Glaspalaste aus ebenso wie die von 1892 in Hamburg vom Hafen aus über die ganze Stadt verbreitete. In München aber schloss die eingehendste Untersuchung[1]) jeden Einfluss einer Wasserleitung aus, deren damals mehr als zehnerlei bestanden.

Um die Thatsache, dass sich die Cholera 1854 in München ebenso entwickelte und ebenso auch wieder abnahm, wie 1892 in Hamburg, jedermann augenscheinlich zu machen, sind in der folgenden Tabelle alle täglich gemeldeten Erkrankungen und Todesfälle bis Ende October zusammengestellt. Die Epidemie in München begann nur drei Wochen früher (27. Juli) als die in Hamburg (16. bis 20. August), aber bald nach dem 16. August ist die zeitliche Bewegung beider Epidemien ganz auffallend gleichmässig.

Um dieses noch anschaulicher zu machen, habe ich die in München vorgekommenen Fälle, auf die Einwohnerzahl von Hamburg berechnet, in einer dritten Rubrik der Tabelle beigefügt. München hatte 1854 106715 Einwohner, und kamen bis Ende October 4583 Erkrankungen und 2231 Todesfälle an Cholera vor.[2]) Hamburg hatte 1892 640000 Einwohner und bis Ende October 17972 Erkrankungen und 7610 Todesfälle. Die Einwohnerzahl von Hamburg war demnach im Jahre 1892 fast genau das Sechsfache von der von München im Jahre 1854. Ich habe daher in der dritten Rubrik der Tabelle sämmtliche Münchener Fälle mit 6 multiplicirt eingetragen, woraus man ersehen kann, dass die Epidemie 1854 in München verhältnismässig sogar viel heftiger war, als die 1892 in Hamburg, die so schreckliches Aufsehen gemacht hat. In Hamburg starben bis dahin nur 13, in München 21 pro Mille der Bevölkerung an Cholera.

Die Epidemie in Hamburg war 1892 nicht viel heftiger als auch in früheren Cholerajahren. Im Jahre 1832 und 1848 starben 10 pro Mille in Hamburg.

---

1) Zum gegenwärtigen Stand der Cholerafrage, S. 181.

2) Hauptbericht über die Choleraepidemie des Jahres 1854 im Königreiche Bayern. München 1852. Literarisch-artistische Anstalt von Cotta. S. 86.

**Cholera in München 1854 (106 715 Einwohner).**
**,, ,, Hamburg 1892 (640 000 Einwohner).**

| Zeit | München erkrankt | München gestorben | Hamburg erkrankt | Hamburg gestorben | Zahlen von München mit 6 multiplicirt erkrankt | Zahlen von München mit 6 multiplicirt gestorben |
|---|---|---|---|---|---|---|
| 27. Juli | — | 1 | — | — | ? | 6 |
| 30. » | — | 2 | — | — | ? | 12 |
| 31. » | — | 3 | — | — | ? | 18 |
| 1. Aug. | 3 | 4 | — | — | 18 | 24 |
| 2. » | 6 | 2 | — | — | 36 | 12 |
| 3. » | 10 | 5 | — | — | 60 | 30 |
| 4. » | 17 | 5 | — | — | 102 | 30 |
| 5. » | 20 | 9 | — | — | 120 | 54 |
| 6. » | 25 | 13 | — | — | 150 | 78 |
| 7. » | 34 | 16 | — | — | 204 | 96 |
| 8. » | 26 | 18 | — | — | 156 | 108 |
| 9. » | 44 | 27 | — | — | 264 | 162 |
| 10. » | 41 | 21 | — | — | 246 | 126 |
| 11. » | 43 | 16 | — | — | 258 | 96 |
| 12. » | 54 | 31 | — | — | 324 | 186 |
| 13. » | 55 | 35 | — | — | 330 | 210 |
| 14. » | 56 | 36 | — | — | 336 | 216 |
| 15. » | 104 | 32 | — | — | 624 | 192 |
| 16. » | 106 | 30 | — | — | 636 | 180 |
| 17. » | 134 | 62 | — | — | 804 | 372 |
| 18. » | 161 | 69 | — | — | 966 | 414 |
| 19. » | 127 | 75 | bis z. | 20. | 762 | 450 |
| 20. » | 187 | 69 | 85 | 36 | 1122 | 414 |
| 21. » | 179 | 72 | 83 | 22 | 1074 | 432 |
| 22. » | 216 | 68 | 200 | 70 | 1296 | 408 |
| 23. » | 205 | 82 | 272 | 111 | 1230 | 492 |
| 24. » | 179 | 75 | 365 | 114 | 1074 | 450 |
| 25. » | 115 | 74 | 671 | 192 | 690 | 444 |
| 26. » | 203 | 63 | 995 | 317 | 1218 | 378 |
| 27. » | 145 | 64 | 1102 | 455 | 870 | 384 |
| 28. » | 185 | 67 | 1028 | 428 | 1110 | 402 |
| 29. » | 154 | 62 | 980 | 393 | 924 | 372 |
| 30. » | 104 | 51 | 1081 | 484 | 624 | 306 |
| 31. » | 111 | 61 | 857 | 395 | 666 | 366 |
| 1. Sept. | 138 | 72 | 842 | 394 | 828 | 432 |
| 2. » | 107 | 76 | 810 | 479 | 642 | 456 |
| 3. » | 101 | 47 | 780 | 440 | 606 | 282 |
| 4. » | 109 | 48 | 679 | 293 | 654 | 288 |
| 5. » | 112 | 46 | 580 | 282 | 672 | 276 |
| 6. » | 93 | 48 | 490 | 258 | 558 | 288 |
| 7. » | 83 | 44 | 422 | 225 | 498 | 264 |
| 8. » | 63 | 31 | 350 | 157 | 378 | 186 |
| 9. » | 72 | 43 | 402 | 155 | 432 | 258 |
| 10. » | 59 | 36 | 439 | 178 | 354 | 216 |
| 11. » | 44 | 27 | 354 | 150 | 264 | 162 |
| 12. » | 49 | 35 | 384 | 142 | 294 | 210 |
| 13. » | 44 | 25 | 293 | 129 | 264 | 150 |
| 14. Sept. | 37 | 28 | 313 | 103 | 222 | 168 |
| 15. » | 31 | 20 | 314 | 141 | 186 | 120 |
| 16. » | 23 | 17 | 397 | 141 | 138 | 102 |
| 17. » | 21 | 30 | 338 | 117 | 126 | 180 |
| 18. » | 21 | 20 | 222 | 110 | 126 | 120 |
| 19. » | 27 | 17 | 234 | 110 | 162 | 102 |
| 20. » | 19 | 18 | 217 | 87 | 114 | 108 |
| 21. » | 36 | 13 | 198 | 79 | 216 | 78 |
| 22. » | 24 | 21 | 172 | 55 | 144 | 126 |
| 23. » | 25 | 12 | 158 | 67 | 150 | 72 |
| 24. » | 10 | 10 | 126 | 39 | 60 | 60 |
| 25. » | 12 | 15 | 95 | 39 | 72 | 90 |
| 26. » | 14 | 6 | 77 | 33 | 84 | 36 |
| 27. » | 15 | 10 | 82 | 33 | 90 | 60 |
| 28. » | 9 | 6 | 75 | 23 | 54 | 36 |
| 29. » | 7 | 6 | 49 | 20 | 42 | 36 |
| 30. » | 7 | 6 | 58 | 16 | 42 | 36 |
| 1. Oct. | 5 | 4 | 36 | 16 | 30 | 24 |
| 2. » | 4 | 2 | 33 | 9 | 24 | 12 |
| 3. » | 7 | 4 | 39 | 7 | 42 | 24 |
| 4. » | 3 | 4 | 30 | 12 | 18 | 24 |
| 5. » | 9 | 3 | 21 | 6 | 54 | 18 |
| 6. » | 7 | 6 | 20 | 4 | 42 | 36 |
| 7. » | 6 | 2 | 13 | 4 | 36 | 12 |
| 8. » | 4 | 3 | 14 | 4 | 24 | 18 |
| 9. » | 7 | 3 | 11 | 6 | 42 | 18 |
| 10. » | 4 | 3 | 8 | 1 | 24 | 18 |
| 11. » | 8 | 6 | 14 | 1 | 48 | 36 |
| 12. » | 6 | 3 | 8 | 6 | 36 | 18 |
| 13. » | 6 | 3 | 12 | 1 | 36 | 18 |
| 14. » | 7 | 3 | 12 | 6 | 42 | 18 |
| 15. » | 7 | 4 | 6 | 4 | 42 | 24 |
| 16. » | 1 | 3 | 5 | 1 | 6 | 18 |
| 17. » | 5 | — | 6 | 2 | 30 | — |
| 18. » | 2 | 1 | 3 | 1 | 12 | 6 |
| 19. » | 1 | — | 3 | — | 6 | — |
| 20. » | 1 | 3 | 1 | 3 | 6 | 18 |
| 21. » | 1 | 1 | 3 | — | 6 | 6 |
| 22. » | — | — | 3 | — | — | — |
| 23. » | 4 | 2 | 2 | 2 | 24 | 12 |
| 24. » | 4 | 2 | — | — | 24 | 12 |
| 25. » | 1 | — | — | 1 | 6 | — |
| 26. » | 2 | 2 | — | — | 12 | 12 |
| 27. » | 3 | 4 | — | 1 | 18 | 24 |
| 28. » | 2 | 4 | — | — | 12 | 24 |
| 29. » | 5 | 3 | — | — | 30 | 18 |
| Summe | 4583 | 2231 | 17972 | 7610 | 27493 | 13386 |

Um aber die Bewegung der beiden Epidemien 1854 in München und 1892 in Hamburg noch augenfälliger zu machen, habe ich die täglichen Fälle (von München auf 640000 Einwohner berechnet) auf nebenstehende Tafel graphisch aufgetragen (Erkrankungen roth, Todesfälle schwarz), und bitte das Diagramm zu betrachten.

Man sieht, um wie viel die Epidemie in München verhältnis mässig grösser war, als die in Hamburg; ferner wie sie in München zwar ein paar Wochen früher begann, aber dann ebenso anstieg und fiel wie die Hamburger. Das wird am deutlichsten, wenn man auf nebenstehender Tafel die Münchener Epidemie bis zum 16. August mit einem Blatte Papier bedeckt und dann die beiden Epidemien vergleichend betrachtet.

Wenn in München die grössere Verbreitung des Cholerakeimes von einem Punkte, vielleicht vom Glaspalaste aus, während der Industrieausstellung über die ganze Stadt ohne Zuhilfenahme des Trinkwassers abgeleitet werden muss, so hat man keinen logischen Grund, die Möglichkeit der kleineren Verbreitung in Hamburg vom Hafen aus zu bezweifeln. Der tägliche Verkehr mit dem Hafen in Hamburg ist jedenfalls ein viel grösserer, als der mit dem Glaspalast 1854 in München gewesen ist. Als Anfangs August 1854 der Ausbruch der Cholera in München bekannt wurde, sank der Besuch des Glaspalastes auf ein Minimum herab: ich überzeugte mich oft persönlich, dass dort nur Aufseher und Beamte zu sehen waren.

Wenn nun in Hamburg 1892 doch Thatsachen gefunden sein sollen, welche auf eine Mitwirkung der Wasserleitung hinweisen, so braucht man noch nicht daran zu denken, dass dieses Wasser dadurch gewirkt habe, dass es getrunken wurde. Reincke führt an, dass eine Caserne und einige geschlossene Anstalten, welche mit anderem Wasser, als dem der Hamburger Wasserkunst versorgt waren, frei geblieben sind, während ihre Umgebung epidemisch ergriffen wurde. Das macht natürlich auf alle Contagionisten und Trinkwassertheoretiker einen grossen Eindruck, aber nicht auf Epidemiologen, welche solche Fälle kennen, ohne dass dabei das Trinkwasser eine Rolle gespielt hat oder gespielt haben

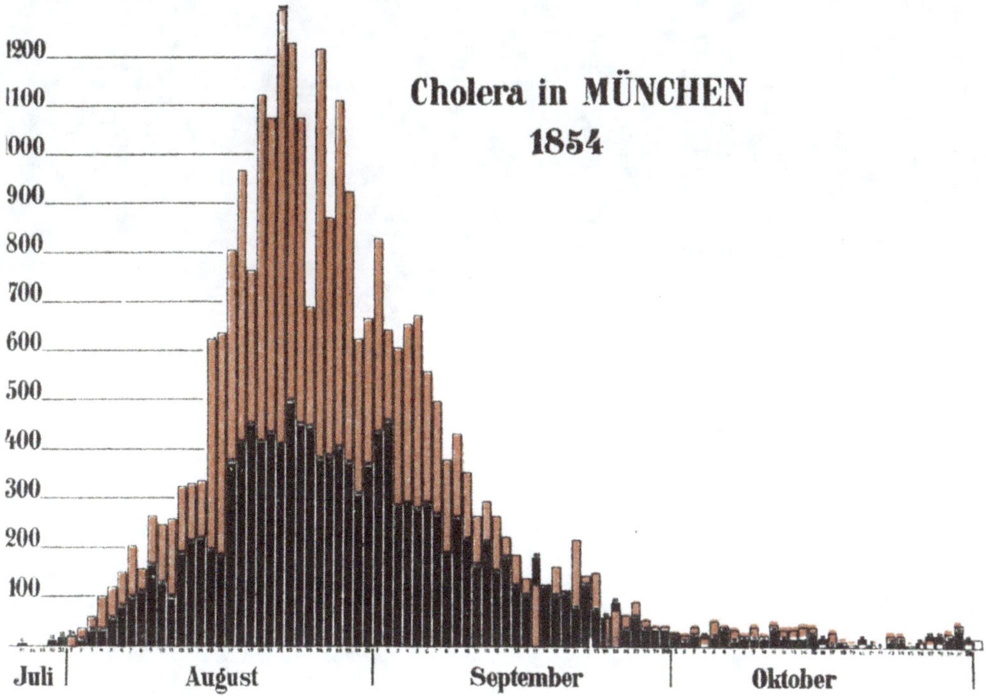


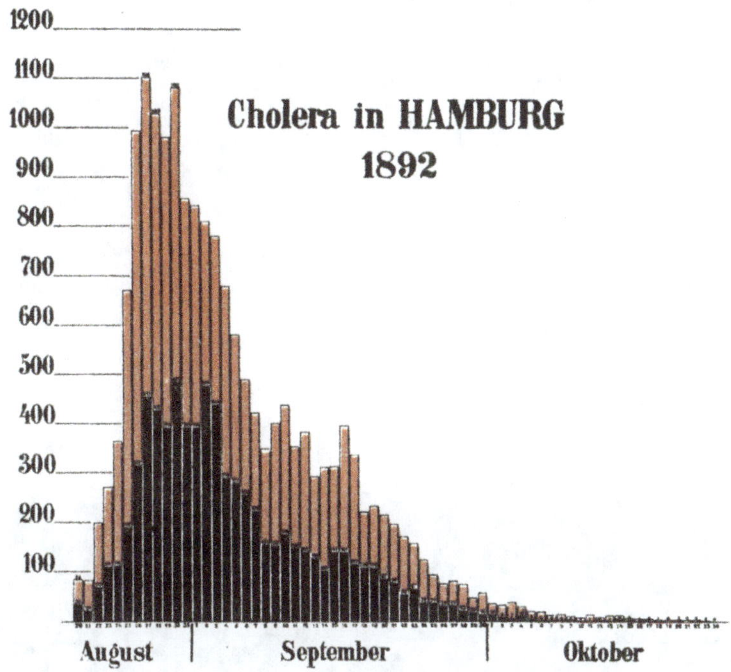


Verlag v. R. Oldenbourg, München.

Reproduction v. J. B. Obernetter, München.

kann. Ein solcher Fall ist z. B. auch die Epidemie vom vorigen Jahre in der französischen Hafenstadt Havre.[1])

Havre wird theils aus der städtischen Wasserleitung St. Laurent, welche etwa 21000 cbm täglich liefert, theils aus fünf näher gelegenen Quellen versorgt, welche zusammen etwa 2500 cbm liefern. Anfänglich glaubte man auch in Havre, dass eine der fünf kleineren Quellen, welche den nordöstlichen Theil der Stadt versorgen, durch Cholerastühle verunreinigt worden sein könnte, aber gerade dieser Stadttheil ist fast frei geblieben. Das Wasser der Laurent-Leitung wurde ebenso in Stadttheilen getrunken, wo sehr viel Cholera vorkam, als auch in solchen, wo nichts vorkam. In dem armen, schmutzigen und schlecht gebauten District Perrey wird Laurent-Wasser getrunken, kam aber wenig oder keine Cholera vor. In den Districten St. Joseph, François und Notredame, wo auch sehr arme Leute wohnen, gebraucht man Laurent-Wasser und da zeigte sich ein erschreckendes Herrschen der Cholera.

In der Caserne, wo 1200 Soldaten untergebracht sind, und in einem Gefängnisse mit einer Bevölkerung von 500 wird Laurent-Wasser getrunken und da kam nicht ein einziger Cholerafall vor.

Der Berichterstatter des »Lancet« schliesst seine erste Mittheilung mit den Worten: »Unter diesen Umständen kann die Wasserversorgung von Havre als kein Factor der Verbreitung der Choleraepidemie angesehen werden und bald werde ich Gelegenheit haben zu zeigen, dass dieses nicht bloss bei der Cholera, sondern auch bei anderen Krankheiten, namentlich beim Abdominaltyphus der Fall ist.«

Bekanntlich habe auch ich das Wasser der Hamburger Wasserkunst beschuldigt[2]), zur Epidemie von 1892 beigetragen zu haben, aber nicht als Trinkwasser, sondern als Nutzwasser, womit Boden, Hof und Haus in hohem Grade verunreinigt worden sind. Dieses Wasser wird in unfiltrirtem Zustande aus der Elbe

---

1) Lancet. 29. Oktober 1892, S. 1015 und 12. November 1892, S. 1124.
2) Münchener medic. Wochenschrift 1892, Nr. 46.

genommen, an einer Stelle, bis wohin die Fluth das unterhalb Hamburg in den Fluss mündende Sielwasser wieder aufwärts führen kann. Man nimmt an, dass Kommabacillen selbst in einer Verdünnung, dass sie im Wasser nicht zu entdecken waren, den heftigen Ausbruch der Cholera verursacht hätten, während ich der Ansicht bin, dass, wenn auch solche Bacillen im Wasser sind, dieselben in solcher Verdünnung nicht inficirend wirken können, sondern dass sie sich erst am oder im Hause auf irgend einem günstigen Nährboden zu einer infectionstüchtigen Menge vermehren müssen.

Wie in München und in Havre kann der Cholerakeim auch in Hamburg auf anderem Wege als durch die Wasserleitung verbreitet worden sein und das unreine Wasser die Wohnungen, jedenfalls einzelne Theile derselben, mit für den Keim günstigem Nährmaterial imprägnirt haben. Man findet ja hie und da in den Ritzen eines unsauberen Zimmerbodens Schmutz abgelagert, aus welchem Reinculturen von pathogenen Mikroorganismen bei der bacteriologischen Untersuchung hergestellt werden können, z. B. Tetanusbacillen, welche in so grosser Menge auch nicht auf den Boden gelangen, sondern sich da erst weiter entwickeln müssen.[1])

Dass das Hamburger Leitungswasser, wenn es auf einen Boden gegossen wird und beim Verdunsten seine nicht flüchtigen Bestandtheile zurücklässt, einen solchen Nährboden für pathogene Mikroorganismen liefern kann, darf nicht bezweifelt werden. Dieses Wasser ist zeitweise unreiner, als man denken möchte. Ein Hamburger theilt mir mit, »dass die städtische Wasserleitung neben anderen lebenden Geschöpfen unzählige Aale beherberge, die bei hoher Temperatur zu Grunde gingen; er als früherer Hausbesitzer wisse ein Lied davon zu singen, wie oft er den Mechaniker rufen lassen musste, um die durch Aale verstopften Leitungen wieder von diesem Hindernis zu befreien. Ende August des vorigen Jahres sei die Hitze stärker gewesen, als er sie hier je erlebt, und

---

1) Dr. Heyse. Tetanusbacillen in den Dielenritzen eines Fussbodens. Münchener medic. Wochenschrift 1893, S. 115.

schliesse er, dass in den Leitungsröhren bei solcher Temperatur eine fürchterliche Sterblichkeit geherrscht haben müsse.«

Ich erinnere auch an die in Hamburg erschienene Abhandlung über die Fauna und Flora der dortigen Wasserleitung.

Dass ein solches Wasser in der heissen Jahreszeit eine grosse Dungkraft besitzt, wird kaum zu bestreiten sein, und können immerhin stellenweise Choleraexplosionen eintreten, wenn sich der Cholerakeim und das, was ihn infectionstüchtig und giftig macht, zur Genüge vermehrt hat und die individuelle Disposition der Menschen dazu kommt.

Dass die directe Infection durch Hamburger Trinkwasser, selbst wenn man sie hypothetisch annimmt, nur kurz gedauert habe, gibt auch Reincke (S. 11) zu. Dass andere Factoren viel mächtiger gewirkt haben, geht aus Thatsachen hervor, welche jetzt nach Ablauf der Epidemie in Hamburg erhoben werden.

Sehr lesenswerth ist: »Erster Bericht an E. H. Senat der freien und Hansastadt Hamburg von der Gesundheits-Commission Sct. Georg-Nordertheil, verfasst von J. L. Huber, Ingenieur.« Diese Gesundheits-Commission, welche verschiedene Sachverständige — zusammen eilf, darunter auch zwei Aerzte — zählte, verfolgte alle in diesem Stadttheil gemeldeten Cholerafälle nach verschiedenen Gesichtspunkten.

In Sct. Georg-Nordertheil sind alle Wohnungen oder Wohnkomplexe an die Hamburger Wasserkunst angeschlossen, und fanden andere Wasserversorgungen — mit ganz geringen Ausnahmen — nicht statt. Im Sinne der Trinkwassertheorie hätte somit auch eine gleichmässige Verbreitung der Cholerafälle stattfinden sollen, was aber durchaus nicht zutrifft.

Der Stadttheil zählte 40049 Einwohner, von welchen 1323 (33 ‰) an Cholera erkrankt gemeldet sind. Die Commission hat die Einwohner nach Familien oder Haushaltungen abgetheilt und gibt 9287 Familien an. Von diesen 9287 Familien hatten nur 988 Cholerafälle, blieben demnach 8299, nahezu 90%, frei.

Wenn man die Hamburger Cholera als durch Trinkwasser übertragene contagiöse Krankheit auffasst, sollte man denken, dass mindestens in den ergriffenen Familien die Cholerafälle sich gehäuft haben müssen, und dass nur selten einzeln gebliebene Fälle in den Familien vorkamen — aber gerade das Gegentheil war der Fall.

| | | | | | |
|---|---|---|---|---|---|
| 774 | Familien | hatten je | 1 | Fall | = 774 |
| 137 | " | " " | 2 | Fälle | = 274 |
| 45 | " | " " | 3 | " | = 135 |
| 22 | " | " " | 4 | " | = 88 |
| 8 | " | " " | 5 | " | = 40 |
| 2 | " | " " | 6 | " | = 12 |
| 988 | " | | | | 1323 |

Es ist möglich, dass sich die Zahlen bei weiterer Untersuchung, wie sie von Reincke und Gaffky in Aussicht gestellt wird, noch etwas ändern können, aber viel anders werden sie nicht werden; die Einzelerkrankung in Familie oder Haushaltung wird immer weitaus die Mehrzahl bilden.

Von den 1323 gemeldeten Cholerakranken wurden 804 (ca. 60 %) im Hause behandelt, und 519 (ca. 40 %) in Krankenhäusern. Ein auffallender Unterschied ist in der Mortalität, je nachdem die Kranken in ihren Wohnungen verblieben, oder in ein Krankenhans verbracht worden sind. Von den 804 im Hause behandelten Cholerakranken starben 258 (= 32,09 %), von den 519 in Krankenhäuser transportirten 236 (= 45,50 %).

Man kann nicht annehmen, dass die höhere Sterblichkeit in den Spitälern davon herrühre, dass dahin nur die schweren Fälle geschafft worden seien; denn bei dem rigorosen Vorgehen in Hamburg wurde auch, wer nur choleraverdächtig war, in's Krankenhaus gebracht. In sämmtlichen Krankenhäusern Hamburgs betrug nach Angabe der Commission die Sterblichkeit der Cholerakranken durchschnittlich 50 %. Gegenüber diesem ziemlich gleichmässigen Ablauf der Krankheit in allen Spitälern findet die Commission in Betreff der St. Georger Cholerakranken auch einen auffallenden Unterschied zu Ungunsten eines weiten Transportes zum Krankenhause. Von den transportirten kam der grössere Theil in das nahe gelegene alte Krankenhaus, der kleinere in das viel entfernter liegende neue Krankenhaus nach Eppendorf. Von den 73 nach Eppendorf transportirten Kranken starben 45

(= 61,6 %), von den 409 Kranken, welche in's alte Krankenhaus kamen, starben 175 (= 42,7 %). »Mithin wächst also die Gefahr für die Cholerakranken mit der Länge des Weges zum Krankenhause. Am besten stehen sie sich, wenn sie daheim verpflegt werden können.«

Die Commission von St. Georg-Nordertheil sucht den epidemiologischen Schwerpunkt nicht im Trinkwasser, sondern in örtlichen und baulichen Verhältnissen, im Mangel an Luft und Licht, in Feuchtigkeit und Unreinlichkeit der Wohnungen, wofür schlagende Beispiele nebst dazu gehörigen Hausplänen mitgetheilt werden. Der Schlussantrag der Commission lautet wörtlich: »E. H. Senat wolle mit aller Kraft dafür Sorge tragen, dass ohne Zeitverlust geeignete Bau- und Wohnungsgesetze erlassen werden, durch welche die jetzige Boden- und Wohnungsausbeutung beseitigt wird, sowie veranlassen, dass geeignete, schnelle und billige Verkehrsmittel geschaffen werden, durch welche eine Ausdehnung des gesammten Wohngebietes und dadurch Entlastung der Stadt von der zu dichten Bewohnung ermöglicht und befördert wird.«

In jüngster Zeit ist ein weiterer Bericht: »Bericht der Gesundheits-Commission für den Bezirk Uhlenhorst über ihre Thätigkeit während der Cholera-Epidemie 1892 an E. H. Senat der freien und Hansastadt Hamburg, verfasst von Dr. philos. Max Albrecht«. erschienen. Diese Commission stellt sich allerdings theoretisch ganz auf den contagionistischen Standpunkt und auf die Trinkwassertheorie, bestätigt aber nur die Schlussfolgerungen der Commission von St. Georg-Nordertheil, wenn sie sagt: »Die Commission ist zu der Ueberzeugung gelangt, dass die Mauerfeuchtigkeit die Hauptschuld an den grossen Sterblichkeitsziffern in diesen Neubauten trug, und bedauert daher schmerzlich, keine Handhabe besessen zu haben, die Räumung besonders nasser Wohnungen, ohne Entschädigung für den Hauswirth, veranlassen zu können.« Das gleiche besagt ein weiterer Bericht der Gesundheits-Commission Harvestehude.

Diese drei Commissionen finden trotz verschiedener theoretischer Anschauung für die Frequenz, für das epidemiologische

Verhalten der Cholera nur localistische Ursachen. Die Berichte sollten von allen Contagionisten gelesen werden.

Es bestehen aber noch viele andere epidemiologische Thatsachen, welche der contagionistischen Choleratheorie und der landläufigen Trinkwassertheorie auf das bestimmteste widersprechen. Es gibt ganze choleraimmune Orte und in für Cholera empfänglichen Orten immune Ortstheile, deren Immunität nicht mit Trinkwasser, Desinfection oder Isolirung der Kranken erklärt werden kann.[1])

Zu den von Natur aus immunen Orten und Gegenden gesellen sich die durch Sanitätswerke künstlich immunisirten. Auch bei diesen liegt der epidemiologische Schwerpunkt nicht in der Wasserversorgung oder in der Verkehrsbeschränkung.[2])

Nach den immunen und immunisirten Orten wird der Cholerakeim und Cholerakranke ebenso gebracht, wie nach den für Choleraepidemien empfänglichen. Warum da die Cholera sich epidemisch entwickelt und dort nicht, muss örtliche Gründe haben.[3])

Die Contagionisten haben zur Erklärung der epidemiologisch feststehenden Thatsache der Ortsimmunität nur die Trinkwassertheorie, welche sie allerdings nie im Stiche lässt; denn bricht keine Epidemie aus, dann ist eben kein Kommabacillus in die Wasserleitung oder in die Brunnen gelangt, und bricht eine aus, so ist halt der Bacillus doch hineingelangt, wenn man ihn darin auch nicht gefunden hat.

Aber nicht bloss die Abhängigkeit der Choleraepidemien vom Orte, sondern noch viel deutlicher ihre Abhängigkeit von der Zeit spricht gegen die contagionistische Anschauung und gegen die Trinkwassertheorie. Eines der schlagendsten Beispiele ist das

---

1) Ich verweise auf das, was ich in meinem Cholerabuche über die Immunität von Lyon (S. 223) gesagt habe.

2) Ich verweise auf das, was ich in meinem Cholerabuche über das Fort William bei Calcutta und über die Grube in Haidhausen bei München (S. 718 und 722) gesagt habe.

3) Wer sich näher dafür interessirt, was nach meiner Ansicht zur örtlichen Disposition für Cholera beiträgt, den verweise ich auf mein Cholerabuch von S. 257 bis 371.

## Cholerafrequenz in Preussen von 1848—1849 nach Halbmonaten.

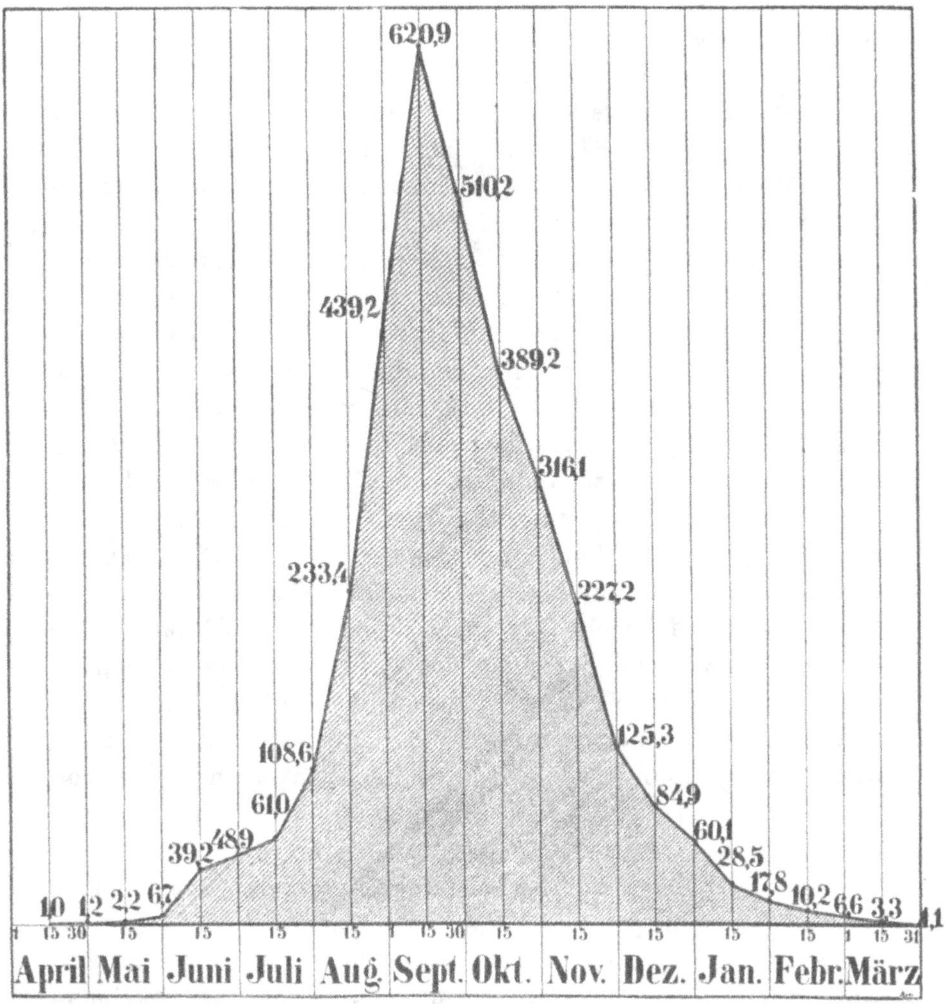


Vorkommen von Cholerafällen von 1848 bis 1859 im grössten Theile von Norddeutschland, im Königreiche Preussen, welches damals, als man wohl schon die Cholera, aber noch nicht den Kommabacillus und die dagegen wirksamen Desinfectionsmittel kannte, zwölf Jahre hintereinander asiatische Cholera bald in der einen, bald in der anderen Provinz hatte. Der geheime Registrator im Ministerium zu Berlin H. Brauser hat sämmtliche im ganzen Königreiche Preussen während dieser Zeit gemeldeten Erkrankungen und Todesfälle nach der Jahreszeit, nach Halbmonaten zusammengestellt, veröffentlicht.

Auch die Stadt Hamburg hatte in dieser Zeit zehn Cholerajahre, aber von sehr verschiedener Frequenz, im Jahre 1848 1674 Todesfälle, 1856 nur 67, aber 1859 wieder 1109.

Während dieser zwölf Cholerajahre kamen in Preussen 312036 Erkrankungen und 167159 Todesfälle zur Anzeige. Die Zahlen sind gross genug, um Zufälligkeiten, wie einzelne falsche Diagnosen, unterlassene Anzeigen u. s. w. als bedeutungslos erscheinen zu lassen. Cholerafälle kamen in jedem Halbmonate vor, die wenigsten in der ersten Hälfte des April. Der specifische Cholerakeim, wir sagen jetzt der Kommabacillus, sowie disponirte Menschen waren immer zugegen, aber wie ungleich ist die Häufigkeit der Cholerafälle zu verschiedenen Zeiten gewesen! In der ersten Hälfte der 12 Aprilmonate kamen 71 Erkrankungen und 50 Todesfälle zur Meldung, in der ersten Hälfte der 12 Septembermonate 57395 Erkrankungen und 31048 Todesfälle, also im September 620mal mehr Todesfälle als im April. (Tabelle S. 17.)

Um die zeitliche Bewegung der Cholera in Norddeutschland noch augenfälliger zu machen, habe ich das Verhältnis der Todesfälle nach Halbmonaten in der Figur S. 15 auch noch graphisch dargestellt, deren Anblick sofort die Aehnlichkeit mit dem vorjährigen Verlauf der Cholera in Hamburg, den steilen Anstieg, und den langsameren Ablauf der Epidemie verräth.

Wer die nebenstehende Tabelle und die graphische Kurve, welche eine von jeder Theorie unabhängige epidemiologische Thatsache darstellt, betrachtet, muss überrascht sein von dem Ansteigen der Fälle vom Minimum im April bis zum Maximum im September, und dann von dem ebenso gleichmässigen Abfall wieder bis zum März. Die zweite Hälfte des März hat wieder fast die nämlichen Zahlen wie die erste Hälfte des April, 74 Erkrankungen und 55 Todesfälle gegenüber 71 und 50.

**Cholera in Preussen in den Jahren 1848—1859.**

| | Erkrankungen | Todesfälle | Verhältnis d. Todesfälle |
|---|---|---|---|
| Vom 1.—15. April | 71 | 50 | 1,0 |
| » 16.—30. » | 110 | 62 | 1,2 |
| » 1.—15. Mai | 192 | 112 | 2,2 |
| » 16.—31. » | 650 | 334 | 6,7 |
| » 1.—15. Juni | 3 819 | 1 961 | 39,2 |
| » 16.—30. » | 4 894 | 2 430 | 48,9 |
| » 1.—15. Juli | 6 106 | 3 050 | 61,0 |
| » 16.—31. » | 10 866 | 5 430 | 108,6 |
| » 1.—15. August | 21 870 | 11 674 | 233,4 |
| » 16.—31. » | 41 758 | 21 966 | 439,2 |
| » 1.—15. September | 57 395 | 31 048 | 620,9 |
| » 16.—30. » | 45 415 | 25 513 | 510,2 |
| » 1.—15. October | 35 874 | 19 462 | 389,2 |
| » 16.—31. » | 29 903 | 15 809 | 316,1 |
| » 1.—15. November | 21 215 | 11 363 | 227,2 |
| » 16.—30. » | 11 621 | 6 267 | 125,3 |
| » 1.—15. December | 8 100 | 4 246 | 84,9 |
| » 16.—31. » | 5 665 | 3 008 | 60,1 |
| » 1.—15. Januar | 2 857 | 1 424 | 28,5 |
| » 16.—31. » | 1 719 | 893 | 17,8 |
| » 1.—15. Februar | 909 | 510 | 10,2 |
| » 16.—28. » | 687 | 332 | 6,6 |
| » 1.—15. März | 266 | 159 | 3,3 |
| » 16.—31. » | 74 | 55 | 1,1 |
| Summe | 312 036 | 167 159 | |

In diesen Zahlen spricht sich für jeden naturwissenschaftlich Gebildeten ein Gesetz aus, welches deutlich sagt, dass man die Frequenz, den epidemischen Charakter der Cholera unmöglich von der Gegenwart oder von der Abwesenheit des Kommabacillus allein ableiten kann, weil dieser ja in Preussen von 1848 bis 1859 zu jeder Zeit zugegen war, die Cholera aber bald sehr epidemisch, bald nur sehr sporadisch sich zeigte.

Das nämliche zeigt sich im zeitlichen Verlauf einzelner Epidemien in anderen Orten. Ein sehr lehrreiches Beispiel dieser Art ist der Verlauf der Cholera von 1873/74 in München, worauf ich zwar schon öfter hingewiesen habe, das ich aber hier wiederhole,

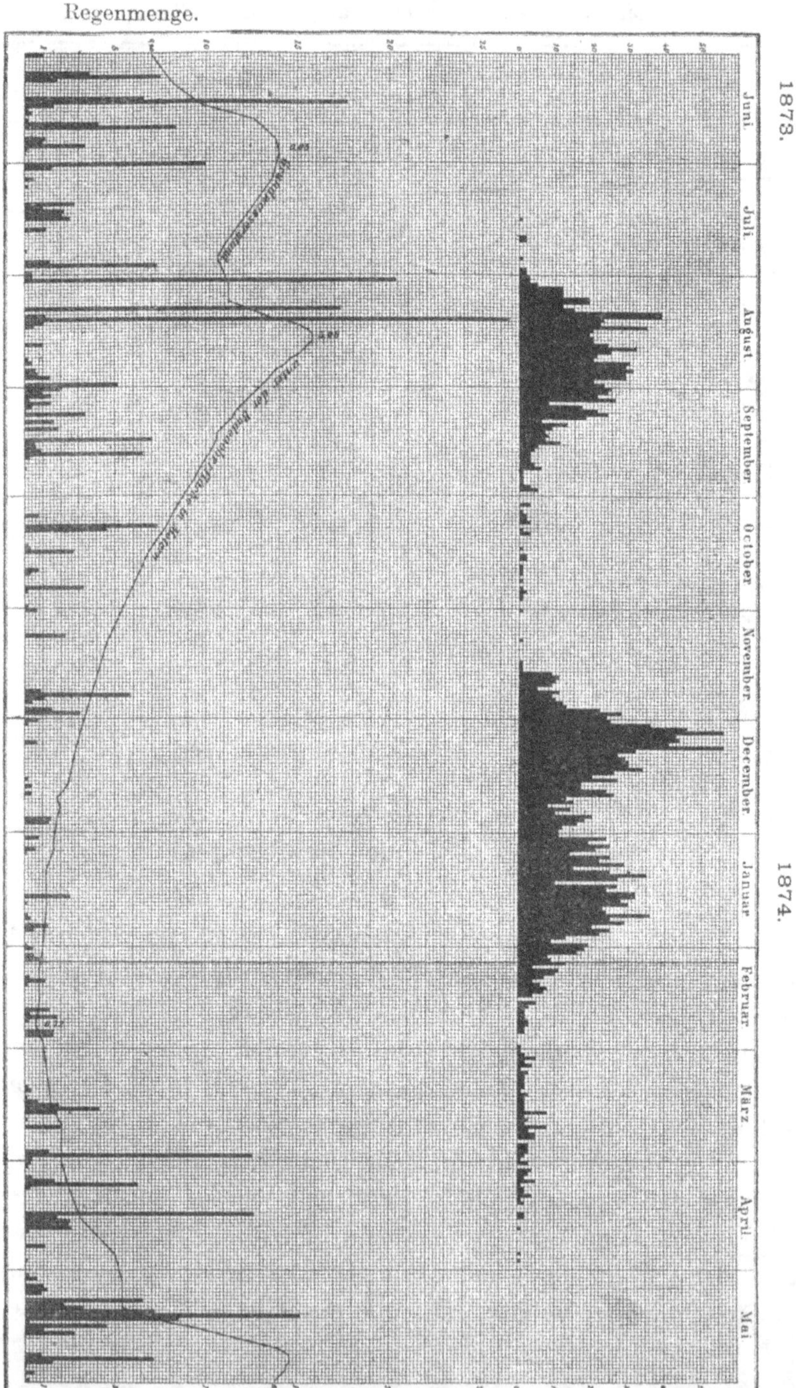


**Cholerafälle, Grundwasserstand und Regenmenge von Juni 1873 bis Mai 1874 in München.**

weil sich noch kein Bacteriologe daran gewagt hat, die Thatsache mit Hilfe des Kommabacillus zu erklären.

Auf der nebenstehenden Figur sind die täglich gemeldeten Choleraerkrankungen und der Gang der Epidemie leicht ersichtlich; sie ist eine verkleinerte Nachbildung der graphischen Darstellung von Wolffhügel in meinem Cholerabuche.[1]) Wer die einzelnen Zahlen genauer prüfen will, den verweise ich auf Dr. Frank's »die Choleraepidemie in München in dem Jahre 1873/74. Nach amtlichen Quellen dargestellt.« Die blosse Betrachtung des graphischen Bildes genügt übrigens vollständig, um sich ein Urtheil über den merkwürdigen zeitlichen Verlauf dieser Epidemie zu bilden.

Man sieht, schon Ende Juni und Mitte Juli wird je 1 Fall gemeldet. Beide waren aus Wien zugereist, wo die Epidemie bereits herrschte. Beide waren in Münchener Gasthäusern in der Nähe des Bahnhofes abgestiegen, wurden von da in's Krankenhaus links der Isar gebracht und da isolirt. Der eine starb, der andere genas. Weder in den beiden Gasthöfen noch im Krankenhause folgte diesen Einschleppungen ein weiterer Fall aus München. Die ersten aus München stammenden 10 Fälle, von welchen 8 tödtlich endeten, kamen vom 20. bis 31. Juli zerstreut in verschiedenen Stadttheilen vor, ohne den geringsten persönlichen oder örtlichen Zusammenhang unter sich zu verrathen[2]), ein Zeichen, dass der Cholerakeim schon ohne Mithilfe der beiden aus Wien gekommenen Kranken (am 24. Juni und 16. Juli) über die Stadt ausgestreut worden sein musste; dass der Keim oft lange latent in einem Orte liegen kann, darüber werde ich später sprechen. Ende Juli 1873 begann aber sichtlich eine epidemische Entwicklung, genau zur selben Zeit, wie im Jahre 1854, wo München so schwer, verhältnismässig viel schwerer als die Stadt Hamburg im Jahre 1892 heimgesucht wurde.

Man erwartete nun in München das gleiche Schicksal, wie im Jahre 1854, aber wenn man Figur S. 18 und Tafel S. 8 miteinander

---

1) Siehe S. 422.

2) Mein Cholerabuch S. 649.

vergleicht, findet man trotz der Gleichheit von Ort und Zeit ganz gewaltige Unterschiede im Verlauf der beiden Epidemien. Die Sommerepidemie von 1873 kommt schon vor Mitte August merkwürdiger Weise wieder in's Stocken und scheint bis Ende September dem gänzlichen Erlöschen nahe.

Schon zu dieser Zeit glaubte man ein Recht zu haben, die Cholera in München als Epidemie als erloschen erklären zu dürfen. Ich hatte aber noch gewisse Bedenken nach zwei Richtungen hin.

Ende September endigten die Schulferien, welche anfangs August begonnen und zahlreiche Familien zur Cholerafiucht auf's Land und in's Gebirge veranlasst hatten. Diese Flüchtlinge kehrten nun undurchseucht in die Stadt zurück, und nach der herrschenden Anschauung musste man abwarten, ob unter ihnen die Epidemie nicht wieder neu auflebe.[1])

Dann war damals der Wohnungswechsel, der in München halbjährig (Ende April Ziel Georgi und Ende September Ziel Michaeli) stattfindet.[2]) Es wechselten binnen einer Woche nach auf der Polizei erstatteter Anzeige über 5000 Miethparteien ihre Wohnungen. Eine Partei nur zu 3 Personen gerechnet, entspricht dieser Wohnungswechsel einer Durcheinanderbewegung der Bevölkerung Münchens, damals etwa 180000, von mindestens 15000 Personen.

Man überlegte sich es in der That ganz ernstlich, ob man nicht im Interesse der öffentlichen Gesundheit das Recht und die Pflicht hätte, für diesmal den Wohnungswechsel zu sistiren und auf eine Zeit zu verschieben, wo die Cholera ganz erloschen wäre; denn es zogen Leute aus Häusern, welche an der Sommercholera theilgenommen hatten, wo die Krankheit unter den Bewohnern möglicher Weise nur wegen Mangels an disponirten Personen sich nicht mehr zeigte, in Häuser, welche bis dahin ganz frei geblieben waren, und die Umziehenden konnten den dort wohnen Bleibenden, welche noch nicht durchseucht waren, die Krankheit einschleppen; — und dann zogen aus bis dahin

1) Mein Cholerabuch S. 686.

2) Dasselbe S. 490.

frei gebliebenen Stadttheilen und Häusern viele Leute in Choleraquartiere, wo sie gleich heimkehrenden Choleraflüchtlingen ergriffen werden konnten, wenn auch im Hause wegen Mangels an disponirten Personen, wegen erfolgter Durchseuchung schon seit Wochen kein Fall mehr vorgekommen war.

Aber die Schwierigkeiten einer solchen Sperrmaassregel zeigten sich so gross, dass man der Sache doch ihren gewöhnlichen Lauf lassen musste.

Wenn man nun frägt, was das Resultat dieses kühnen epidemiologischen Experimentes war, so findet man die sprechende Antwort auf der graphischen Wolffhügel'schen Tafel, Figur S. 18.

Trotz Rückkehr zahlreicher Choleraflüchtlinge, trotz des Wohnungswechsels Ende September lebte die Epidemie im Laufe des Monats October nicht neu auf, zettelte sich nur in einzelnen Fällen fort, manche Tage waren ganz frei, obschon stets alle, auch leichte Fälle, verdächtige Diarrhöen als Cholerafälle verzeichnet sind.

Da nun in der ersten Hälfte des November, wo bereits Frostwetter eingetreten war, fast gar kein Fall mehr zur Meldung kam, glaubte ich meine Besorgnisse fahren lassen zu müssen und stimmte am 15. November dem vom Gesundheitsrathe der Stadt München einstimmig gefassten Beschlusse zu, dass nun endlich die Epidemie als erloschen zu erklären sei.

Wie voreilig dieser Beschluss war, zeigte der weitere Verlauf. Schon am 16. November kamen neue Meldungen, deren Zahl bis zum 4. December auf eine Tageshöhe von 56 stieg, während im warmen August die höchste Tageszahl nur 38 war.

August und September sind ja sonst die günstigsten Monate für das Gedeihen der Cholera bei uns. Dass sich die Cholera 1873 in München ganz anders entwickelte als im Jahre 1854 und 1892 in Hamburg, kann nicht von Gegenwart oder Abwesenheit des Cholerakeimes oder des Kommabacillus abgeleitet werden, auch nicht von der individuellen Disposition, sondern muss von einem zeitlichen Factor herrühren, den ich als örtlichzeitliche Disposition bezeichnet habe, worüber ich mein Cholerabuch von Seite 371 bis 468 nachzulesen bitte.

Die ganz abnorm hohen, auf Figur S. 18 ersichtlichen Regenmengen im August 1873 zu München, wo die Cholera bereits ausgebrochen und München bereits ein Choleraboden war, haben ebenso gewirkt, wie die Monsuns in Calcutta, welche die Cholerafrequenz alljährlich herabdrücken, so dass sich dort die Cholerakurve gerade umgekehrt mit der Regenkurve bewegt.[1]) Wenn Hamburg 1892 anstatt der grossen Trockenheit und Hitze so viel Regen wie München im August 1873 gehabt hätte, wäre die Epidemie auch ganz anders verlaufen, als sie verlaufen ist, oder wäre ganz ausgeblieben, ähnlich wie 1873 in Augsburg.[2])

Das Cholerajahr 1873/74 von München zeigt deutlich 3 epidemische Erhebungen, im August, im December und im Januar, was sowohl zeitliche als auch örtliche Ursachen hatte. München liegt auf drei von der Isar ansteigenden Terrassen. In sämmtlichen drei Epidemien, welche München bisher gehabt hat, begann die Cholera stets im Nordosten auf der mittleren Terrasse sich epidemisch zu entwickeln und die unterste Terrasse erst später zu befallen, obschon da auch vorher einige sporadische Fälle vorkamen.[3]) So war es auch im Jahre 1873. Die Sommerepidemie beschränkte sich ganz wesentlich auf die mittlere und obere Terrasse.[4])

Als die Sommerepidemie in ihrer Entwickelung durch die abnormen Augustregen gestört wurde, konnte man von einer Epidemie auf der unteren Terrasse noch nicht reden, obschon der eigentliche Cholerakeim sich auch da bereits befand. Erst nachdem wieder abnorme und langdauernde Trockenheit eingetreten war, brach auch auf der unteren Terrasse die Krankheit epidemisch aus und holte im Winter reichlich nach, was sie im Sommer versäumt hatte. Die zweite Spitze des Verlaufes im December rührt nur von Häufung der Fälle auf der unteren Terrasse her.

---

1) Siehe mein Cholerabuch S. 393.
2) Mein Cholerabuch S. 437.
3) a. a. O. 426.
4) a. a. O. 425.

Gegen Ende December sinkt die Epidemie wieder sichtlich herab, erhebt sich aber im Januar 1874 wieder, wenn auch nicht mehr zu der Höhe, welche sie im December und August erreicht hatte. Diese dritte Erhebung rührt von dem Wiederaufleben der Cholera auf der oberen und namentlich auf der mittleren Terrasse her, wo der Choleraprocess durch die Augustregen zwar sehr gestört worden, aber doch noch nicht ganz abgelaufen war.

Die Wirkung des Regens auf den Münchener Boden spricht sich am deutlichsten in der auf Figur S. 18 ersichtlichen Bewegung des Grundwassers aus. Erst im April 1874, wo in Folge reichlicherer Niederschläge das Grundwasser wieder zu steigen beginnt, erfolgt das völlige Erlöschen der Epidemie.

Diese sicher constatirten epidemiologischen Thatsachen sind weder durch die bekannten Eigenschaften des Kommabacillus, noch durch einen entsprechenden Wechsel der individuellen Disposition, noch durch Trinkwasser zu erklären. Ich glaube daher in meinem Cholerabuche Seite 429 mit Recht gesagt zu haben: »Die höchst merkwürdige Zweitheilung der Epidemie von 1873/74 in München in eine sichtlich abgegliederte Sommer- und Winterepidemie ist und bleibt eine Thatsache, an welcher sich jede Theorie zu versuchen hat, wenn sie überhaupt Anspruch auf Berechtigung machen will; aber die contagionistische und die Trinkwassertheorie zerschellen jämmerlich an diesem Felsen.«

Dass man mit der Trinkwassertheorie nicht ausreicht, geht auch aus dem von Brauser dargestellten epidemischen Verhalten der Cholera in Norddeutschland unzweideutig hervor (Figur S. 15), wo man die Krankheit von einem Minimum 1 im April bis zu einem Maximum 620 im September ansteigen und ebenso wieder bis zum März sinken sieht. Der Kommabacillus ist immer da, ebenso auch die empfänglichen Menschen. Aus Brunnen und Wasserleitungen wird Sommer und Winter hindurch Wasser entnommen, im April nicht viel weniger als im September. Der Kommabacillus, welcher in jeder Jahreszeit zugegen ist, kann auch jeder Zeit in's Wasser gelangen, er geht ja selbst im Winter im Eise, wie zu Nietleben gezeigt wurde, nicht zu Grunde; aber trotzdem zeigt sich dieser kolossale Unterschied in der Häufigkeit der Cholerafälle zu verschiedenen Zeiten.

Auch mit dem sog. Verseuchtsein des Flusswassers, wovon in jüngster Zeit so viel geredet worden ist, und auf welches Gerede so schwer wiegende und kostspielige Maassregeln gegründet worden sind, ist es nicht weit her. Es ist eine alte epidemiologische Erfahrung, dass sich Choleraepidemien mit Vorliebe in Orten längs einzelner Flussthäler [1]) zeigen. Schon im Jahre 1854, als die grosse Epidemie in Bayern herrschte, überraschte es mich in hohem Grade, dass ich Gruppen von Ortsepidemien immer nur in Flussthälern zusammengedrängt fand, während zahlreiche Ortschaften rechts und links von den Flussthälern ganz frei geblieben waren, obschon der Verkehr auf Landstrassen und Eisenbahnen quer durchging.

Da ich auch damals schon hypothetisch einen durch den menschlichen Verkehr verbreitbaren specifischen Infectionskeim annahm, den ich als eine noch unbekannte Grösse mit x bezeichnete, so war es auch mir gar nicht unwahrscheinlich, dass dieser in fliessendes Wasser gelangen und seinem Laufe folgen könnte. Das musste sich aber in den epidemiologischen Thatsachen aussprechen. Ich untersuchte deshalb das örtliche und zeitliche Auftreten der Cholera längs zahlreicher Flussthäler. Das Resultat war jedoch ein ganz negatives. Es zeigte sich nicht nur, dass die Cholera zeitlich sich ebenso oft flussaufwärts, wie flussabwärts verbreitete, gleichviel ob in den Thälern schiffbare Flüsse oder nur kleine Bäche waren, und dass auch flussabwärts die Cholera plötzlich wieder aufhörte, wenn sich die Bodenbeschaffenheit der Ufer änderte. Wir hatten an der Donau epidemisch ergriffene Orte nur von Donauwörth bis Regensburg, und auch da mit auffallenden Ausnahmen. Ingolstadt hatte eine heftige Epidemie, während Neuburg an der Donau, welches hoch und theilweise auf Felsen liegt, verschont blieb. Von Regensburg abwärts liegen die Städte Deggendorf, Straubing, Passau und Linz an den Donauufern und blieben trotz aus München eingeschleppten Fällen frei

1) Ich habe darüber eingehend in meinem Cholerabuche S. 215, 287 und 578 berichtet.

von epidemischer Cholera. An der Isar ging die Cholera nur von München bis Landshut.

Flusswasser und Trinkwasser scheint ein sehr schlechter Nährboden für den Kommabacillus zu sein, denn er geht darin, wenn das Wasser nicht sterilisirt wird und die darin lebenden Wasserbacterien nicht getödtet werden, rasch zu Grunde. Wenn man daher auch in einem Trink- oder Flusswasser hie und da Kommabacillen nachweisen kann, so darf man nicht schliessen, dass sie darin gewachsen sind, sondern man muss schliessen, dass sie vom Lande aus hineingelangt und im Wasser nur noch nicht zu Grunde gegangen sind.

Dr. Aufrecht glaubt zwar [1]), dass der vermehrte Gehalt des Elbwassers an Kochsalz u. s. w. bei der Cholera 1892 in Hamburg mitgewirkt habe, und beruft sich auf den Verlauf zweier Epidemien in Magdeburg, wo im Jahre 1866 nur 279 (4,45 ‰) an Cholera starben, während im Jahre 1873, wo bereits die Kaliwerke von Stassfurt etc. ihre Abgänge in die Elbe leiteten, 1393 (19,95 ‰) gestorben seien. Magdeburg war 1866 und 1873, aber auch schon vorher mit unfiltrirtem Elbwasser versorgt. Aufrecht hat nicht bedacht, dass schon lange vor 1866, im Jahre 1850, die Cholera in Magdeburg viel heftiger als im Jahre 1873 aufgetreten ist. Im Jahre 1850 starben im Regierungsbezirk Magdeburg 7453 Personen an Cholera, wovon der grössere Theil auf die Stadt Magdeburg trifft. [2])

Wie in Hamburg die Choleraepidemien im Hafen, so beginnen sie in Berlin stets auf Spreekähnen, und nicht etwa weil der Infectionsstoff in der Spree wächst, was nicht nachgewiesen ist, sondern an den Spreeufern je nach ihrer örtlichen und zeitlichen Beschaffenheit.

Wenn der Cholerakeim infectionstüchtig im Wasser weiter schwimmen könnte, so könnten von einem Choleraorte flussabwärts gelegene Orte nicht oft so auffallend verschont bleiben, wie es an der Donau und an der Isar beobachtet worden ist. Als

1) Centralblatt für Bacteriologie und Parasitenkunde. Bd. XIII, S. 353.
2) H. Brauser. Statistische Mittheilungen Tafel F.

ich in München im vorigen Herbste an mir selbst das Cholera-experiment mit Einnahme von Kommabacillen machte, gingen meine Darmentleerungen, welche Myriaden von Kommabacillen enthielten, ohne Zusatz einer Spur von Desinfectionsmitteln durch einen rasch fliessenden Stadtbach in die Isar. Die von mir und Emmerich eingenommenen, aus Hamburg stammenden Kommabacillen waren vollvirulent, wie Versuche an Thieren, welche Prof. Gruber in Wien[1]) angestellt hat, nachgewiesen haben. Trotzdem zeigte sich in den Isar abwärts gelegenen Orten keine Cholera, auch nicht an der Donau, in welche die Isar mündet, bis Budapest hinab, wo allerdings die Cholera 1892 epidemisch ausbrach, aber glücklicher Weise für mich schon früher, ehe ich in München meine Stühle dem Laufe der Isar übergab.

So sehr die epidemiologischen Thatsachen dafür sprechen, dass der menschliche Verkehr von Choleraorten aus einen specifischen Infectionsstoff, ein x, das man jetzt Kommabacillus nennt, verbreitet, so dunkel ist noch die Art der Verbreitung. Es ist auch noch nicht mit aller Bestimmtheit anzunehmen, dass der Koch'sche Bacillus die einzige Form sei, unter welcher der Infectionskeim weiter verbreitet wird; es kommen zur Zeit einer Choleraepidemie so viele Cholerafälle vor, bei welchen man keinen Kommabacillus findet, und die man dann als Cholera nostras erklärt, obwohl sie ebenso tödtlich verlaufen, wie Cholera asiatica.

Den Cholera-Epidemien in einem Orte gehen sehr häufig massenhafte Diarrhöen voraus, bei welchen man keinen Kommabacillus findet, plötzlich erscheint dann dieser, ohne im geringsten nachweisen zu können, wann und durch wen er gekommen ist. Ein solcher Fall ist der in der Irrenanstalt Nietleben bei Halle im Januar 1893 gewesen. Schon im September 1892 herrschten in der Anstalt massenhafte Diarrhöen und Brechdurchfälle, an einem einzigen Tage kamen 54 vor. Man leitete sie vom Trinkwasser ab und liess vom October ab das der Saale entnommene Wasser nur gekocht geniessen. Trotzdem brach am 14. Januar 1893 die mörderische Epidemie von Cholera asiatica in der Anstalt

1) Wiener klin. Wochenschrift 1893. S. 687.

aus, ohne dass man auch nur entfernt nachweisen kann, wer den Kommabacillus dahin oder in die Wasserleitung der Anstalt gebracht hat.

Die Contagionisten glauben wenigstens auf jene Fälle der Weiterverbreitung sich berufen zu können, wo in einem bisher ganz cholerafreien Orte ein Cholerakranker ankommt, an dessen Ankunft sich unmittelbar Fälle im Orte anschliessen, und zwar nur von Personen, welche mit dem Kranken oder dem, was er mitgebracht oder am Leibe trug, in unmittelbare Berührung gekommen sind. Eine genauere Untersuchung ergibt aber, dass auch diese Fälle viel richtiger localistisch als contagionistisch zu erklären sind.[1]) Die Contagionisten nehmen den Cholerakranken, die Localisten das, was von der Choleralocalität ausgeht, als inficirend an. Das Verhalten der Aerzte und Wärter von Cholerakranken weist unzweideutig darauf hin, dass von den Kranken in der Regel keine Ansteckung ausgeht; die Contagionisten müssen sich demnach für ihre Erklärung mit der Ausnahme von der Regel begnügen.

Die Localisten hingegen wissen, dass die Infection nicht vom Kranken als solchem, sondern vom Choleraorte ausgeht, woher der Kranke kommt, dass diese verschleppten Fälle in für Cholera zeitlich nicht disponirten Orten in der Regel ganz sporadisch bleiben und einzelne Infectionen nur da erfolgen, wo der von auswärts gekommene Kranke ausser seinem Kommabacillus auch noch etwas anderes und so viel vom Choleraorte mitgebracht hat, dass es noch zur Infection einer oder einiger Personen hinreicht, die aber dann nicht weiter inficirend wirken, obschon auch sie massenhaft Kommabacillen ausscheiden.

So war es auch bei der vorjährigen Epidemie in Hamburg, wo von Hamburg aus erst Verschleppungen erfolgten, nachdem Hamburg eine Choleralocalität geworden war.

Ein von München 1854 nach dem immunen Stuttgart gelangter Cholerakranker steckte drei Stuttgarter an. — Wenn ein Fall drei machen kann, so sollten nach dem Einmaleins drei neun machen.

1) Mein Cholerabuch S. 444.

Die drei Stuttgarter hatten auch ihre Ausleerungen, wurden auch gepflegt wie der Münchner, und wurde ihre Wäsche ebenso gewaschen — aber es knüpften sich keine weiteren Infectionen daran; nur der von München gekommene Fall war so giftig.

So etwas Inficirendes aus einem Choleraorte heftet sich hie und da an einen abreisenden Cholerakranken, es kann sich aber ebenso auch hie und da an einen Gesunden heften.

Wie nach Stuttgart ein Kranker, reiste aus München ein Gesunder nach dem immunen Dorfe Hausen bei Schweinfurt. Es erkrankten dort in einer Familie, mit welcher er verkehrte, binnen einer Woche neun Personen, von welchen sechs an Cholera starben. Der Reisende selbst und die übrigen 300 Einwohner des Dorfes blieben ganz gesund. Der Reisende kam aus einem Hause in München, wo seine Mutter an Cholera gestorben war, woher er Münchener Infectionsstoff mitbrachte.

Der Cholerakeim war nach Ansicht der Contagionisten gewiss zur Genüge in Hausen eingeschleppt; warum der Ort nicht epidemisch ergriffen würde, muss örtliche oder zeitliche Gründe gehabt haben.

Die Contagionisten pflegen sich darüber gar keine Gedanken zu machen, weshalb manche Orte und ganze Gegenden nicht epidemisch ergriffen werden, trotzdem einzelne sporadische Fälle vorkommen, und wo Epidemien ausbrechen, da nehmen sie an, dass der Keim dazu unmittelbar zuvor erst eingeschleppt worden sein müsste. Es gibt aber sowohl in Indien, in dem Heimathsitze der Cholera, als auch bei uns in Europa epidemiologische Thatsachen genug, welche uns zu dem Schlusse nöthigen, dass der durch den menschlichen Verkehr verbreitbare specifische Keim oft lange ruhend, ohne epidemisch zu wirken, in einem Orte liegen kann, ehe ein epidemischer Ausbruch erfolgt. Es gibt selbst im endemischen Cholerabezirke Indiens Zeiten, wo die Cholerafrequenz auf ein Minimum herabsinkt, und viele Orte, welche zu diesen Zeiten keinen einzigen Fall haben, so dass man die Cholera als erloschen ansehen kann, — darnach aber tauchen wieder mehrere Fälle auf, die sich zu Ortsepidemien steigern.

Bei uns kommen Vorläufer und Nachläufer von epidemischen Ausbrüchen vor, deren Zusammenhang mit im Orte vorausgegangenen Cholerafällen unerfindlich ist.[1]) Im Jahre 1883 herrschte eine heftige Epidemie in Aegypten und blieben die Städte an den europäischen Ufern des Mittelmeeres frei — man sagt wegen der gut durchgeführten Quarantänemaassregeln. Im Jahre 1884 aber, wo die Epidemie in Aegypten völlig erloschen war, brachen Choleraepidemien fast gleichzeitig in Toulon und Marseille, dann in Genua und Neapel trotz aller Quarantänen und Militärcordone aus. — In der Stadt Essen herrschte 1866 die Cholera und blieb das nur eine halbe Stunde entfernte Dorf Rellinghausen frei. Im Sommer 1868, als die Cholera aus ganz Europa verschwunden war, brachen in Rellinghausen und einigen andern Orten der Rheinprovinz und Westfalens Choleraepidemien aus.[2])

Wenn in einer Choleragegend und zur Cholerazeit die Krankheit sich zuerst im Orte a und darnach in den Orten b, c, d u. s. w. zeigt, braucht man nicht anzunehmen, dass der Cholerakeim zunächst und zuerst nach dem Orte a und dann erst von da nach den übrigen gebracht worden sei, sondern man kann annehmen, dass er gleichzeitig ausgestreut worden, oder dass er vielleicht früher nach b oder d gekommen, aber sich trotzdem früher in a weiter entwickelt habe.

Die epidemiologischen Thatsachen, z. B. die Cholerabewegung im Königreiche Preussen von 1848 bis 1859, nöthigen zur Annahme eines latenten Stadiums der Epidemien. Der Cholerakeim kann gegenwärtig sein, auch ohne Epidemien zu verursachen. Man sieht, das epidemische Auftreten der Cholera hängt nicht soviel von der Gegenwart des Cholerakeimes, als von zeitlichen und örtlichen Bedingungen ab.

Das epidemische Auftreten allein aber bildet den Schwerpunkt in der ganzen Cholerafrage, welche die Staatsverwaltungen nicht wegen des Vorkommens einzelner und vereinzelt auftretender Fälle, sondern lediglich wegen der verheerenden Epidemien

---

1) Mein Cholerabuch S. 460.

2) Siehe mein Cholerabuch S. 460.

interessirt. Wenn die asiatische Cholera bei uns nur so vorkäme, wie die sogenannte Cholera nostras, fiele es keiner Regierung ein, einen internationalen Congress zu beschicken, um Maassregeln gegen ihre Verbreitung zu berathen.

Der epidemiologische Standpunkt und die epidemiologische Erfahrung, und nicht die bacteriologische oder klinische Forschung, muss die Grundlage der Berathungen bei solchen Congressen bilden. Die verschiedenen Theorien haben nur insofern eine praktische Bedeutung, als Schutzmaassregeln darauf gegründet werden wollen, und zur Zeit stehen sich hauptsächlich die contagionistische und die localistische Anschauung gegenüber. Letztere wird in der Regel übergangen.

Dass zum Entstehen von Cholera-Epidemien zwei Dinge, ein durch den menschlichen Verkehr verbreitbarer Keim und eine individuelle Disposition der Personen, nothwendig sind, welche Factoren ich x und z nenne, darüber sind die zwei Parteien einig, und die Contagionisten begnügen sich mit diesen beiden Factoren.

Die Localisten aber behaupten, gestützt auf zahlreiche epidemiologische Thatsachen, dass diese beiden Factoren nicht im Stande sind, das epidemische Auftreten der Cholera, auf welches es ja allein ankommt, zu verursachen oder zu erklären, welches durch örtliche und zeitliche Verhältnisse, die ich y genannt habe, veranlasst werde.

Wie das y etwa mit x oder z zusammenhängt, weiss man allerdings vorerst noch nicht, aber aus zahlreichen epidemiologischen Erfahrungen weiss man sehr bestimmt, was darauf wirkt. Mit demselben Rechte, wie ich ein x angenommen habe, schon als man den Kommabacillus nicht kannte, nehme ich das y an und darf es dem x zu lieb nicht fallen lassen, weil in dem y allein der epidemiologische Schwerpunkt liegt. x und z sind in immunen Orten (z. B. Lyon oder Stuttgart) oder auch in für Cholera empfänglichen Orten, aber zu immunen Zeiten (z. B. in ganz Norddeutschland oder Hamburg im April) sehr harmlose Dinge. Da entstehen keine Epidemien, wenn auch viel x hinkommt und viel z zugegen ist.

Die epidemiologische Erfahrung, die blosse Empirie, welche ja der wissenschaftlichen Erforschung so oft voraneilt, weist überall nach, dass gewisse Bodenverhältnisse, Feuchtigkeitsverhältnisse des Bodens, Imprägnirung desselben mit den Abfällen des menschlichen Haushaltes, Besprengen des Bodens oder Putzen der Häuser und Höfe mit unreinem Wasser, Mängel im Bauwesen, das Entstehen der Epidemien zu gewissen Zeiten in hohem Maasse begünstigen, und ebenso weist die Empirie nach, dass selbst für Cholera empfängliche Orte ihre Empfänglichkeit verlieren, wenn auch nicht plötzlich aber doch allmählich, wenn man aufhört, Boden und Häuser mit den Abfällen des menschlichen Haushaltes zu imprägniren, wenn man reines Wasser nicht bloss zum Trinken, sondern auch zur Reinigung des Hauses einführt. Die darauf hinzielenden Assanirungswerke haben selbst in der Heimath der Cholera die Häufigkeit der Fälle sehr herabgedrückt.

Die Cholera verhält sich in dieser Beziehung ähnlich, wie der Abdominaltyphus.

Ich lebe der Ueberzeugung, dass das vom Orte zeitweise ausgehende y von den Bacteriologen schliesslich entdeckt werden wird, gleichwie der Kommabacillus von Koch entdeckt worden ist. Man hält mich mit Unrecht für einen Feind der bacteriologischen Forschung. Ich habe schon vor Jahren ausgesprochen, dass ich für die volle Lösung des Choleraräthsels meine Hoffnung auf die Bacteriologie stelle[1]); aber die bacteriologische Forschung soll sich nicht bloss in contagionistischer, sondern auch in localistischer Richtung bewegen, um das y vollends aufzuklären.

Ich habe mich nie um Choleratheorien gekümmert und auch keine aufgestellt, sondern mich immer nur von den epidemiologischen Thatsachen leiten lassen, die mich zur Annahme eines y neben dem x und z gezwungen haben. Da ich fand, dass in dem y der epidemiologische Schwerpunkt ruht, und dass es Mittel gibt, auf diese unbekannte Grösse zu wirken, habe ich Schutzmaassregeln von meinem localistischen Standpunkte aus dringend empfohlen.

---

1) Siehe in meinem Cholerabuche den Abschnitt Choleratheorien S. 539 und 524.

Die Contagionisten suchen nach Massregeln, theils um die Verbreitung des Keimes durch den menschlichen Verkehr auszuschliessen, theils um die Menschen dagegen zu immunisiren. Da in letzterer Beziehung noch nichts Bestimmtes gefunden worden ist, so beschränken sie sich wesentlich auf Constatirung der ersten Fälle durch Nachweis des Kommabacillus, auf Desinfection der Ausleerungen der Kranken und aller Dinge, welche damit in Berührung gekommen sein können, sowie auf Isolirung der Kranken, kurz, sie suchen den menschlichen Verkehr pilzdicht zu gestalten, was nach meiner Ueberzeugung und nach epidemiologischen Erfahrungen eine Unmöglichkeit ist.

Um die Diagnose »asiatische Cholera« festzustellen, ist die bacteriologische Untersuchung der Darmentleerungen eines Kranken nothwendig. Nun hat aber die letzte Choleraepidemie in Hamburg gezeigt, dass Personen, die sich ganz wohl befinden, Kommabacillen ausscheiden, und Personen, welche an allen Symptomen der asiatischen Cholera leiden, keine.[1])

Die unter Führung der Koch'schen Schule empfohlenen Schutzmaassregeln beginnen immer erst mit dem Nachweis des Kommabacillus bei einem Kranken. Dieser Nachweis hat keinen praktischen Werth, weil er immer zu spät, post festum kommt und nur ein Beweis dafür ist, dass der Keim bereits eingeschleppt ist. Da sich der specifische Keim nicht nur an Kranke, sondern, wie wir oben gesehen haben, auch an Gesunde hängt und oft lange in einem Orte ruhen kann, ehe sich Erkrankungen zeigen, vermag man vom epidemiologischen Standpunkte aus nur zu dem Schlusse zu gelangen, dass eine blosse Ueberwachung des Verkehrs auf Grund des Nachweises des Kommabacillus keinen Erfolg haben kann. Nur ein vollständiges Aufheben jedes Verkehrs mit einem verseuchten Orte oder mit einer verseuchten Gegend könnte gegen Einschleppung specifischer Krankheitskeime schützen. Bei der Cholera müsste vor allem jeder Verkehr mit Indien aufhören.

---

1) Rumpel. Bacteriolog. und klinische Befunde bei der Cholera-Nachepidemie in Hamburg. Deutsche Medic. Wochenschrift 1893. S. 160.

Den Verkehr anlangend glaubt man, man könne bezüglich der Menschenseuchen ebenso verfahren, wie bezüglich der Thierseuchen. Wenn in einem Lande oder in einem Districte eine Viehseuche ausbricht, kann man anordnen, dass kein Rind, kein Schaf, kein Schwein u. s. w., gleichviel ob es krank oder gesund ist, mehr über die Grenze darf, ehe nicht die Seuche wieder erloschen ist. Aber der Mensch lässt sich nie wie das liebe Vieh behandeln.

Man hat auch da anfänglich menschlicher handeln wollen und nur die Ausfuhr kranker Thiere über die Grenze in's Auge gefasst, aber es zeigte sich bald, dass das nichts hilft, dass da manches Stück Vieh auf der Grenze noch gesund befunden und herüber gelassen wurde, welches nachher doch erkrankte und die Krankheit verbreitete. Es hilft nichts als volle Grenzsperre.

Auch ein anderes bei Thierseuchen übliches und ziemlich erfolgreiches Mittel kann man bei Menschenseuchen nicht anwenden, nämlich das Abschlachten der Kranken, wie es gegen die Rinderpest angewandt wird.

Uebrigens lässt auch die strenge Grenzsperre bei Viehseuchen in ihrem Erfolge noch viel zu wünschen übrig. Nach den fortlaufenden Mittheilungen aus dem kaiserlichen Gesundheitsamte herrscht die Maul- und Klauenseuche doch in sehr vielen Gegenden, welche man durch die strengsten Absperrungsmaassregeln zu schützen suchte.

Manche denken, es müssten doch weniger Cholera-Epidemien auftreten, wenn man so viele Kommabacillen, als man habhaft werden kann, tödtet. Wenn man aber bedenkt, dass, wie ich oben gezeigt habe, das e p i d e m i s c h e Verhalten der Cholera, obschon der Kommabacillus dazu nothwendig ist, nicht von der Gegenwart desselben, sondern von örtlichen und zeitlichen Verhältnissen abhängt, und dass weder durch Land- noch durch See- und Flussquarantänen der menschliche Verkehr pilzdicht gestaltet werden kann, so muss man einsehen, dass trotz aller aufgewandten Mühen und Kosten soviel Keim doch durchkommt, als zum Entstehen von Epidemien genügt, wo die örtlichen und zeitlichen Bedingungen gegeben sind.

Manche Contagionisten weisen nun darauf hin, dass die Cholera im vorigen Jahre in Deutschland sich wesentlich auf eine einzige Stadt, auf Hamburg, beschränkt habe, wo man leider nur den ersten Cholerafall, bei welchem man Kommabacillen fand, zu spät angezeigt habe, wo man aber durch energische contagionistische Maassregeln die Cholera localisirt und zum Erlöschen gebracht habe. Jedoch wer den Verlauf der Cholera 1892 in Hamburg mit ihrem Verlauf 1854 in München vergleicht, wo kein Tropfen Wasser gekocht und gewechselt wurde, wo man alle Kranken im Hause behandelte und nur in's Krankenhaus schickte, wer nicht zu Hause gut verpflegt werden konnte, wo man selbst in den Krankenhäusern die Cholerakranken nicht ängstlich von anderen Kranken isolirte, wo man den Kommabacillus und die für ihn geeigneten Desinfectionsmittel noch nicht kannte u. s. w., der muss erstaunt sein, dass trotz allem die Cholera zeitlich ebenso verlief, wie die schrecklich behandelte Epidemie in Hamburg.

Dass die Epidemie sich wesentlich auf Hamburg beschränkte, ist auch nichts Neues in ihrer Geschichte in Deutschland: im Jahre 1865 beschränkte sich die Cholera ebenso auf Altenburg und Werdau im Pleissethale und kam nicht einmal trotz mehrerer eingeschleppter Fälle bis Leipzig herab, wo sie im Jahre 1866 wie im übrigen Theile von Norddeutschland so verheerend auftrat.

Es ist daher auch jetzt wieder abzuwarten, was das Jahr 1893 bringt; dass die Epidemie von 1892 für das übrige Deutschfand nicht in Hamburg localisirt werden konnte, zeigt schon der unerwartete plötzliche Ausbruch der heftigen Hausepidemie im Januar 1993 in der Irrenanstalt Nietleben bei Halle zur Genüge. Der Keim lebt fort.

Selbst die Desinfection der Rieselfelder in Nietleben schützt Deutschland nicht, denn es sind auch auf den Rieselfeldern von Berlin schon einige Cholerafälle vorgekommen, und die Berliner Rieselfelder sind nicht nach Nietlebener Muster desinficirt worden.

Dass eine vollständige Sperre des menschlichen Verkehrs nicht möglich sei, weil sie für Menschen ein grösseres Unglück als alle Infectionskrankheiten wäre, sieht man heutzutage zwar ein, und hat die Landsperren verlassen, aber an den Seesperren glaubt man festhalten zu müssen. Auch die Seequarantänen sind keine Sperren, sondern nur eine Ueberwachung des Verkehrs, trotz welcher genug Infectionskeime durchkommen. Wer sich dafür interessirt, wie ich darüber denke, den bitte ich mein Cholerabuch von S. 602 bis 623 nachzulesen.[1]) Um unreine Schiffe ausser Verkehr zu setzen, sollte man nicht warten, bis eine Cholera-Epidemie droht, eine strenge sanitäre Schiffsinspection sollte in allen Häfen fortwährend stattfinden.

Bei Menschenseuchen, bei welchen man keine vollständige Sperre des Verkehrs durchführen kann und welche eine von örtlichen und zeitlichen Verhältnissen so abhängige Verbreitungsart, wie die Cholera und der Abdominaltyphus zeigen, kann man sich auf furchtlose Pflege und gute Behandlung der Kranken und auf Schaffung guter hygienischer Verhältnisse für die Gesunden beschränken. Es ist das kein Nihilismus, wie manche sagen, sondern ein sehr praktisches Vorgehen, welches bleibende Vortheile schafft, während die contagionistischen Maassregeln bloss Mühe und nutzlose Plackereien sind, welche viel Geld kosten, wovon man nichts hat, wenn die Epidemie vorüber ist. Das Publicum soll man nicht mit Furcht vor Bacillen in Schrecken setzen, sondern darauf aufmerksam machen, dass es gelingt, auch für Cholera empfängliche Orte durch Assanirungswerke unempfänglich, immun zu machen, wie z. B. London, welches in den Dreissiger-, Vierziger- und Fünfziger-Jahren ebenso wie andere Grossstädte auf dem Continente heftige Cholera-Epidemien hatte; aber schon im Jahre 1866 beschränkte sich die Epidemie auf einen verhältnismässig kleinen Theil der Riesenstadt, und seit 1866 ist die Cholera in London trotz vielfacher Einschleppungen von Cholerafällen vom Continente in den Siebziger-, Achtziger- und Neunziger-Jahren und trotz des ununterbrochenen, grossartigen Verkehres sowohl mit dem Heimathlande der Cholera in Asien, als auch mit dem zeitweise verseuchten europäischen Continente von Cholera-Epidemien frei geblieben. Als im vergangenen Jahre das fern gelegene Amerika sich ängstlich vor Schiffen aus dem verseuchten

1) Vergleiche auch in meinem Buche das Verhalten der Cholera auf Schiffen S. 107—150.

Hamburg abschloss, setzte das nahe gelegene London furchtlos ohne Quarantäne seinen Verkehr mit Hamburg fort und blieb doch von epidemischer Cholera frei.

Die gegenwärtig wieder herrschende contagionistische Anschauung erblickt im Cholerakranken die einzige Quelle der Verbreitung der Krankheit, und im Nachweise des Kommabacillus allein den richtigen Ausgangspunkt für alle prophylaktischen Maassregeln, obschon die epidemiologische Erfahrung lehrt, dass Aerzte und Wärter, welche mit den Kranken doch am meisten und innigsten in Berührung kommen, bei Cholera-Epidemien nicht mehr zu leiden haben, als andere Personen, welche mit den Kranken gar nichts zu thun haben; dass sie im Gegentheil in der Regel sogar auffallend verschont bleiben, wenn nicht das Krankenhaus oder das Haus, in dem sie wohnen, selbst ein Infectionsherd, eine Choleralocalität wie andere Häuser wird.[1])

Der wirkliche Infectionsmodus ist uns bei der Cholera noch ebenso unbekannt, wie bei der Malaria und vielen anderen Infectionskrankheiten. Die Vorstellungen, die man sich gewöhnlich von dem Vorgange macht, beruhen auf hypothetischen Annahmen.

Bei der gegenwärtigen Strömung der öffentlichen Meinung und der theoretischen Anschauungen der meisten Aerzte erfährt die localistische Anschauung allerdings grossen Widerspruch, aber deshalb braucht sie nicht unrichtig zu sein; die Thatsachen, auf welche sie sich stützt, stehen ebenso fest und sicher, wie irgend ein Bacillus, den man unter dem Mikroskop sieht, und sind contagionistisch nicht zu erklären.

Von dem, was da alles kommen könne und kommen müsse, wenn man nichts gegen Einschleppung des Kommabacillus und zu dessen Vernichtung thue, können die Contagionisten schreckliche Bilder ausmalen: aber wir in Bayern können ihren schauerlichen Schilderungen mit ruhigem Gewissen zuhören, denn das Königreich Bayern hat schon einmal unter einem anticontagionistischen Szepter gestanden und sich dabei wohler als je befunden. Im Jahre 1836, als die Cholera das erste Mal nach

1) Mein Cholerabuch S. 37 und 69.

Bayern kam und nachdem alle Kordone und sonstige contagionistische Maassregeln, welche in Norddeutschland gegen die dort herrschenden epidemischen Ausbrüche reichlich gehandhabt wurden, nichts geholfen hatten, hat der bayrische Staat ein kühnes epidemiologisches Experiment in grösstem Maassstabe gemacht. Damals wurde vom kgl. bayr. Ministerium die Cholera offiziel als eine nicht ansteckende Krankheit erklärt, keinerlei Verkehrbeschränkungen auferlegt, in München jede Woche ein von aussen stark besuchter Getreidemarkt abgehalten, kein einziger Kommabacillus getödtet, welche Bacillen sicherlich auch damals schon bei Cholerafällen vorhanden, nur noch nicht entdeckt waren. Die Epidemie von 1836 blieb trotzdem die gelindeste von allen, welche Bayern seitdem gehabt hat. Sie blieb allerdings nicht deshalb so klein, weil man nichts contagionistisch dagegen gethan hat, sondern weil in diesem Jahre die zeitlich-örtliche Disposition weniger entwickelt war, als in den folgenden Cholerajahren 1854 und 1873; aber die Thatsache zeigt jedenfalls sehr bestimmt, dass es nicht schadet, wenn man während der ganzen Dauer einer Epidemie contagionistisch auch gar nicht vorgeht, sondern alles dem einst hochverehrten Genius epidemicus überlässt. Nach dem Glauben der Contagionisten hätte die Epidemie von 1836 die schlimmste von allen sein müssen.

Wäre man streng contagionistisch vorgegangen, so würde es vielleicht auch nicht schlechter geworden sein, aber dann würden alle Contagionisten diese Epidemie von 1836 in Bayern noch heutzutage als ein schlagendes Beispiel von der Wirksamkeit ihrer Maassregeln citiren.

Für das grosse Publikum hat dieses anticontagionistische Vorgehen der Regierung jedenfalls einen sehr grossen Vortheil gehabt: es wurde kein Geld für nutzlose Maassregeln verschwendet und blieb die Cholerafurcht, die jetzt so viele Gemüther ängstiget und so viele Personen für die Krankheit individuell empfänglicher macht, in den bescheidensten Grenzen; man pflegte die Kranken ohne Furcht und mit aller Liebe und brachte nur diejenigen in's Krankenhaus, welche zu Hause keine gute Pflege finden konnten.

Frankreich hatte im vorigen Jahre auch Choleraepidemien, an die man lange nicht glauben wollte, die man anfangs vertuschte, sie nur choleriform nannte, und wenig dagegen that. Es sind die Epidemien im Jahre 1892 aber trotzdem die gelindesten und wenigsten geblieben, die Frankreich je gehabt hat. Ich wünschte, dass in Hamburg, wo die drückendsten Maassregeln zur Anwendung kamen, die Cholera einen gleich günstigen Verlauf wie in Paris genommen hätte.

Was schliesslich noch sehr bestimmt gegen die contagionistische Theorie spricht, ist die epidemiologische Thatsache, dass die Cholera seit der enormen Entwicklung und Beschleunigung des menschlichen Verkehrs durch Eisenbahnen und Dampfschiffe sich weder schneller noch öfter und allgemeiner verbreitet, als vorher auch, weder in Indien noch in Europa.

Als sich das Eisenbahnnetz in Indien zu entwickeln begann, hätte man erwarten können, dass das Pendschab, der Nordwesten Indiens, eben so schwer und oft von Cholera zu leiden haben müsste, wie Niederbengalen im Südosten; aber es hat sich wesentlich gar nichts geändert, der endemische Cholerabezirk hat sich nicht erweitert, der epidemische ist der gleiche geblieben und gibt es in demselben immerhin noch immune Orte und Gegenden, die verkehrsreiche Stadt Multan in Oberindien, wie die grosse Stadt Lyon in Frankreich.

Bei der Pandemie von 1828 bis 1837 in Europa bestand auf dem ganzen europäischen Kontinente noch keine Eisenbahn mit Ausnahme der kurzen Strecke von Nürnberg nach Fürth, und doch kam die Cholera auch damals schon ebenso schnell über Russland nach Deutschland und Frankreich, wie im Jahre 1892.

In keinem Theile Deutschlands ist das Eisenbahnnetz so entwickelt, wie jetzt im Königreiche Sachsen und doch hat die Cholerafrequenz während der jüngsten Cholerazeiten in Sachsen gegen früher auffallend abgenommen, und gibt es da noch immer zahlreiche Gegenden und Orte, welche trotz Eisenbahnen immun geblieben sind, wie aus den Nachweisen von Günther[1])

1) Berichte der Choleracommission für das Deutsche Reich. Drittes Heft. Berlin 1876.

hervorgeht. Merkwürdig ist die geringe örtliche Disposition der grossen Stadt Dresden.

Seit Eröffnung des Suezkanals 1869, wodurch der Weg von der Heimat der Cholera in Indien nach Europa so gewaltig abgekürzt wurde, hatte Europa nicht öfter und mehr Choleraepidemien, als vorher auch.

Ebenso erscheint sie jetzt in Aegypten nicht häufiger. Dass das Freibleiben von Aegypten nicht von den Quarantänemaassregeln im rothen Meer und im Suezkanal abgeleitet werden darf, haben Koch und Gaffky in dem Berichte über ihre Cholerareise nach Indien schlagend nachgewiesen.

Man lese endlich auch meine Schrift »Der epidemiologische Theil des Berichtes über die Thätigkeit der zur Erforschung der Cholera im Jahre 1883 nach Aegypten und Indien entsandten Commission«, die in München 1888 erschienen ist, von Seite 3 bis 88, und sage mir, worin ich mich geirrt habe.

Choleraepidemien können sich eben nur in zeitlich disponirten Orten entwickeln, und diese zeitlich-örtliche Disposition tritt jetzt am Ende des 19. Jahrhunderts nicht öfter ein, als in früheren Zeiten auch, sonst hätten wir entsprechend der Beschleunigung und Vervielfältigung des Verkehrs nun viel öfter und viel mehr Choleraepidemien als früher haben müssen.

Prophylaktische Maassregeln gegen Verbreitung der Cholera können allerdings nach drei Richtungen, nach den drei wesentlichen Factoren x, y und z vorgeschlagen und versucht werden. Bei der Wahl derselben kommt es darauf an, welcher Factor uns am zugänglichsten ist. Wenn ein Vorgang nicht von einer einzigen Ursache, sondern von mehreren, von einer Kette von Ursachen abhängig ist, so braucht man, um ihn zu verhindern, nicht alle Glieder der Kette zu brechen, sondern es genügt dazu der Bruch eines einzigen wesentlichen Gliedes.

Das durch den menschlichen Verkehr verbreitbare x wäre, wie ich oben gezeigt habe, nur zu vermeiden, wenn man jeden Verkehr mit Orten und Gegenden, wo es sich findet, aufgeben könnte; eine blosse Ueberwachung des Verkehrs, und wenn sie noch so sorgfältig ausgeführt wird, hat keine epidemiologische

Bedeutung, wenn auch einige Einzelinfectionen dadurch hie und da verhindert werden können. Ich bin überzeugt, dass die Choleraepidemien ebenso verlaufen werden, wenn man den menschlichen Verkehr zu Wasser und zu Land ganz frei lässt, als wenn man die peinlichsten Beschränkungen des Verkehrs mit Cholerakranken und Choleraleichen durchführt. Aus humanitären Rücksichten ist nur zu wünschen, dass die Kranken überall eine möglichst gute Pflege und ärztliche Behandlung finden. Zu fürchten sind sie von ihren Angehörigen und Nachbarn ebenso wenig, als sie von ihren Wärtern und Aerzten gefürchtet werden. Das gewaltsame Herausreissen der Kranken aus Familie und Haus ist oft eine barbarische Maassregel, welche in Hamburg mehr geschadet als genützt hat, und von der man nach den Mittheilungen der Gesundheitscommission von Sct. Georg-Nordertheil künftig wohl Abstand nehmen wird. Es ereignen sich dabei grasse Scenen. Es wird z. B. eine Erkrankung in einer Arbeiterfamilie gemeldet. Die zum Gesetz gewordene Theorie verlangt, dass das Kranke, ein Kind von 10 Jahren, behufs Isolirung in die Cholerabaracke gebracht wird. Die aus drei Mann bestehende Transportkolonne erscheint mit ihrem Fuhrwerke. Die Mutter hält das Kind, das bereits asphyktisch ist, krampfhaft in den Armen und ruft: »Ich gebe mein Kind nicht her.« Da bleibt, um dem Gesetze zu genügen, nichts übrig, als dass der eine der Transportkolonne den linken, der andere den rechten Arm der jammernden Frau fasst und gewaltsam auseinander zieht, während der dritte das Kind nimmt und in ein Tuch gewickelt in den Transportwagen trägt, aus dem es, in der Baracke oder im Krankenhause angelangt, vielleicht schon als Leiche herausgenommen und zu anderen Leichen gelegt wird.

Mehr Erfolg versprechen Maassregeln, welche gegen y und z gerichtet werden.

Gegen die individuelle Disposition wirkt erfahrungsgemäss alles, was die Gesundheit hebt und stärkt, gute Ernährung, Kleidung und Wohnung, und namentlich Reinlichkeit in jeder Beziehung, Vermeidung von Excessen und Vermeidung von allem, was zu Diarrhöen geneigt macht, was bekanntlich individuell sehr verschieden ist.

Auf den Unterleib wirken nicht bloss Erkältungen und Diätfehler, sondern auch psychische Affecte, namentlich deprimirende Gefühle und Furcht, hauptsächlich die Cholerafurcht.

Vom localistischen Standpunkte aus gibt es sehr viel gegen Cholera zu thun, allerdings nicht so viel während des Herrschens einer Ortsepidemie, als schon vorher. Die Assanirung der menschlichen Wohnorte ist das Hauptschutzmittel gegen Cholera. Orte, welche durch gute Hausentwässerung, reines Wasser, durch Drainagevorrichtungen und Abfuhr ihren Boden rein gemacht haben und rein erhalten, haben wenig zu fürchten, wenn ihnen auch die Cholera eingeschleppt wird.[1])

Ich bin für vollständige Freigebung des menschlichen Verkehrs, weil derselbe doch nie pilzdicht zu gestalten ist, und die Prohibitivmaassregeln im Ganzen mehr schaden als nützen.

1) Eingehend habe ich mich über Choleraprophylaxis in meinem Buche von Seite 595—739 ausgesprochen.

Riva, zu Ostern 1893.

Druck von R. Oldenbourg in München.

www.ingramcontent.com/pod-product-compliance
Lightning Source LLC
LaVergne TN
LVHW010642300926
849161LV00005B/1024